AF454909

ALLOCUTION

PRONONCÉE EN

L'ÉGLISE PAROISSIALE D'ANICHE

Le Dimanche 8 août 1886

POUR LA CINQUANTAINE SACERDOTALE DE

Monsieur le chanoine LECOCQ

Curé d'Aniche

PAR

LE P. AUGUSTIN LARGENT

Prêtre de l'Oratoire
Professeur d'Histoire ecclésiastique
à l'École supérieure de théologie de Paris

*Benedic anima mea Domino,
et omnia quæ intra me sunt nomini sancto ejus.*

Mon âme, bénis le Seigneur, et que tout ce qui est en moi bénisse le Seigneur.

Ps. CII, v. 1.

Tout anniversaire appelle comme de lui-même ce cri de religieuse reconnaissance. Avoir vécu, dans ce monde où la mort nous menace sans cesse ; après vingt-cinq ou cinquante ans, occuper le même état, remplir les mêmes fonctions qu'à l'aube de la jeunesse ou dans la pleine maturité, c'est un bonheur rare que l'on doit à la libéralité divine. Aussi les chrétiens se sont-ils plu toujours à faire de certains anniversaires des fêtes religieuses. Les époux qui, durant un quart de siècle, durant un demi-siècle, ont partagé les mêmes devoirs, les mêmes douleurs, les mêmes espérances, viennent, au jour anniversaire de leur union, remercier Celui que l'expérience de la vie leur a appris à mieux connaître, qu'ils ont trouvé fidèle dans ses promesses, magnifique dans ses dons, et miséricordieux même dans ses sévérités.

Si pour les époux chrétiens, les *noces d'argent*, les *noces d'or* ont ce caractère de religieuse et aussi d'émouvante solennité, comme elles l'ont davantage pour le prêtre ! Durant vingt-cinq ans, durant cinquante ans, le prêtre a marché avec Jésus-Christ qui était non pas seulement le principal mais l'unique compagnon de sa course terrestre ; il l'a rencontré auprès des enfants, des pauvres, des mourants, de tous ceux sur lesquels le Sauveur poussait ce cri d'une divine pitié : *Misereor super turbam* (1); il l'a rencontré chaque

(1) *Marc.* VIII, 2.

matin dans l'intimité du sacrifice et de la communion eucharistique ; et après un quart de siècle, après un demi-siècle, debout encore au pied de cet autel qui reçut ses engagements et lui donna la force de les tenir, le prêtre peut répéter les paroles du premier jour : je m'avancerai vers le Dieu qui réjouit ma jeunesse. Oh ! qu'il a raison de redire le chant du psalmiste : *Mon âme, bénis le Seigneur* ! et nous tous, que nous avons raison de le redire avec le pasteur vénéré qui célèbre le cinquantième anniversaire de sa consécration sacerdotale et de sa première messe ! Ce chant d'action de grâces jaillira plus vif encore et plus joyeux de nos âmes, quand nous aurons médité tout ce que Dieu a fait pour votre curé, tout ce qu'il a voulu accomplir par ce libre et docile instrument ; tout ce qu'il lui a donné et tout ce qu'il lui promet.

Monseigneur (1),

L'épiscopat est une paternité, et l'évêque est un père. A l'évêque seul appartient cette mytérieuse fécondité qui transmet le sacerdoce, qui même transmet la plénitude du sacerdoce. C'est l'évêque seul qui est pasteur dans le sens plénier du mot, et qui, sous la suprême direction du pape et dans les limites tracées par son autorité souveraine, est pasteur par l'institution divine. En venant présider à cette fête, Monseigneur, vous montrez que vous êtes pasteur et père par le cœur, comme vous l'êtes par vos fonctions augustes. Notre unanime reconnaissance apprécie un tel bienfait; elle vous accompagnera partout et toujours ainsi que notre obéissance, car nulle part mieux que

(1) Mgr Hasley, archevêque de Cambrai. Etaient présents : Mgr Monnier, évêque de Lydda, auxiliaire de Mgr l'archevêque de Cambrai; MM. Destombes et Sudre, grands vicaires de Cambrai; M. Leleux, grand vicaire d'Arras; M. le chanoine Deroubaix, doyen de Notre-Dame de Douai, etc.

dans le diocèse de Fénelon, du cardinal Giraud et du cardinal Régnier, ne se vérifie la parole d'un des premiers témoins du Sauveur, saint Ignace d'Antioche : « Le clergé digne de Dieu est uni à « son évêque comme les cordes le sont à la « lyre (1). »

Vous rappellerai-je, Mes Frères, ce que Dieu a fait pour votre curé, et par quelles voies il l'a amené, d'abord au jour béni dont nous célébrons le cinquantième anniversaire ; puis, à la solennité qui nous rassemble ? Vous dirai-je dans quelle famille fortement chrétienne la Providence l'a fait naître ? Dans cet auditoire, vous êtes plusieurs qui avez connu son père ; plus d'un se rappelle la foi antique, la touchante simplicité de ce vieillard de quatre-vingt-onze ans qui tournait vers le pape persécuté ses dernières pensées, lui envoyait

(1) *Ad Eph.* IV.

ses dernières offrandes, et semblait attendre pour mourir que son fils lui eût rapporté de Rome la bénédiction de Pie IX. Quoique le Sauveur, par ces coups souverains qui attestent sa puissance comme sa bonté, ait choisi maintes fois pour son service des âmes que les leçons et les exemples domestiques ne semblaient pas désigner à un tel honneur, croyez-le, M. F., ce n'est pas chose indifférente que de trouver à son foyer de longues traditions de foi et de vertu, de pouvoir redire avec saint Paul : *Gratias ago Deo cui servio a progenitoribus meis*, je rends grâces au Dieu que mes pères ont servi (1), et d'évoquer le souvenir d'une aïeule et d'une mère pieuses (2). La grâce de Jésus-Christ a prévenu votre pasteur ; elle l'a conduit de la maison paternelle au séminaire ; de là, dans les différentes paroisses où l'autorité

(1) II *Tim.* I, 3.

(2) II *Tim.* I, 5. « Recordationem accipiens ejus fidei... quæ et habitavit in avia tua Loide, et matre tua Eunice... »

avait marqué sa place ; et partout, elle l'a mis en mesure de se dévouer à Dieu et aux âmes.

L'écrivain sacré nous recommande de ne louer personne durant sa vie : *Ante mortem ne laudes quemquam* (1). Docile à cette défense trop souvent méconnue, je ne vous ferai pas l'éloge de votre pasteur : lui-même ne le souffrirait pas; mais j'ai le droit, ce me semble, de vous dire tout ce que le Seigneur a opéré par ses mains. C'est notre devoir comme notre honneur d'être les auxiliaires de Dieu, *Dei enim adjutores sumus* (2); d'ailleurs, fussions-nous chargés de mérites, sachant que l'inspiration sainte et la force d'agir nous sont venues de Dieu, et que nos résistances ont souvent contrarié les désirs et les volontés d'en haut, nous n'aurions qu'à redire, selon l'ordre du Maître : nous sommes des serviteurs inu-

(1) *Eccli*, XI, 30.
(2) I *Cor.* III, 9.

tiles, *servi inutiles sumus* (1). Nous pouvons donc, M. F., sans craindre d'accorder rien à la vaine gloire et à l'orgueil, raconter les œuvres que votre curé a accomplies sous la direction et avec le secours de Dieu.

C'est à Nomain d'abord, puis à Templeuve, qu'il exerça les fonctions de vicaire ; en 1842, il fut transféré à La Bassée. Ce nom ravive dans mon âme des souvenirs qui ne s'y éteindront jamais. J'étais bien jeune alors, Monsieur le curé, mais ni mes contemporains ni moi n'avons oublié le bien que vous nous avez fait. S'il en était besoin, mes amis d'enfance, et, au premier rang, ce vicaire général d'Arras que j'aperçois auprès de vous (2) me prêteraient le secours d'un témoignage irrécusable. Ami de mon père et de ma mère, c'est vous qui deviez les assister dans le suprême passage. Nos jardins se touchaient presque, et infati-

(1) *Luc.* XVII, 10.
(2) M. l'abbé Charles Leleux.

gable horticulteur comme vous l'étiez — comme vous l'êtes peut-être encore, — vous vous plaisiez à enrichir de dahlias les plates-bandes de notre jardin. Vous ne cultiviez point que les dahlias. Vos leçons, aidées par les soins assidus de mon père et de ma mère, m'ont initié aux lettres latines; vous m'avez préparé au sacrement de Confirmation et acheminé à la table eucharistique. Je ne sais, M.F., si, en tenant ce langage, je vous parais trop occupé de moi-même. Mais, grâce à cette merveilleuse ressemblance que la communauté des mœurs chrétiennes a établie entre nous tous, est-ce qu'en évoquant mes souvenirs je n'évoque pas les vôtres? Qui de nous, enfant, n'a été l'élève d'un prêtre? Qui de nous, dans ses souvenirs d'enfance, n'unit *la maison et l'église* (1), les tendresses maternelles et les enseignements de la foi?

(1) C'est le titre du beau livre de M. Auguste Nisard : *La maison et l'église, souvenirs d'un enfant catholique.*

En 1846, le vicaire de La Bassée fut nommé curé d'Hantay, vert et paisible village dont les habitants ne l'ont pas oublié ; en 1852, il devenait votre pasteur. Vous savez, et ici tout déclare ce qui, depuis trente-cinq ans, s'est accompli à Aniche de grand et de fécond. L'ancienne église était modeste, et sa flèche eût mal soutenu la comparaison avec les hautes cheminées de votre ville industrieuse, noire sans doute, mais noire de cette noirceur du charbon, qui l'hiver est le soleil du foyer, et qui, sur les rails, prête au commerce, à la civilisation, à l'apostolat, des ailes puissantes. Comparez à votre ancienne église le vaste et élégant édifice qui nous rassemble, la haute flèche qui le domine ; déroulez par la pensée les pompes augustes qui consacrèrent cette église il y a douze ans — j'aperçois ici et je salue avec une affectueuse vénération l'évêque consécrateur qui nous est si cher à tous (1), — et

(1) Mgr Monnier, évêque de Lydda.

bénissez l'inspiration généreuse qui a conçu le projet de reconstruire, l'efficace vouloir qui l'a exécuté. Ce projet, ce vouloir, nul ne les a eus à un plus haut degré que votre pasteur.

Nous sommes à une époque où on *laïcise* : ce mot trahit la pensée qu'il prétend exprimer, car le laïque n'est étranger ni à Dieu ni à l'Église; le mot propre serait : on *profane*. Dans cette paroisse, on s'est arrangé pour écarter l'hypocrite laïcisation qui ailleurs, en supprimant le crucifix, en éloignant le prêtre, en barrant le chemin aux vérités et aux espérances chrétiennes, méconnaît les droits les plus inviolables, les devoirs les plus sacrés, les plus impérieux besoins de l'âme humaine. Des écoles, fondées par votre curé, ne permettront pas à une neutralité impie de prévaloir dans les jeunes intelligences. Jésus-Christ y sera toujours le premier occupant. Un hôpital, monument de la munificence de votre pasteur, ne court pas le danger de perdre les filles de saint Vincent de Paul qui le desservent et la croix sainte qui le protège ; des mains fidèles sauront le conserver à sa première destination.

Un presbytère est la naturelle annexe d'une église. Le presbytère, c'est la demeure hospitalière où d'avance on respire la paix de la maison de Dieu; où nul visiteur, fût-il inconnu, ne se sent étranger. Aniche a son presbytère où les amis et les pauvres, les pauvres surtout, ont toujours été accueillis. Sur ce presbytère, des revendications sophistiques ne s'élèveront jamais ; seule, la spoliation violente pourrait essayer de s'en emparer. Votre curé qui a bâti ce presbytère entend bien le laisser aux héritiers de son apostolat.

J'ai nommé les œuvres publiques ; dussé-je pour une fois effrayer la modestie la plus respectable et la plus touchante, j'ajouterai que votre curé n'était pas seul à accomplir ces fondations, et qu'à ses côtés, une âme complètement fraternelle y a pris une large part. Mais dans la vie d'un prêtre, outre les œuvres qui frappent le regard, qui sollicitent l'attention, il en est d'autres d'une importance capitale. Il y a les œuvres obscures, les œuvres cachées: instructions du catéchisme, qui révèlent à l'enfant le Christ et l'Église; pensées consolantes que l'on suggère à l'âme troublée; entretiens sacrés du confessionnal où le pécheur renaît à la grâce sous la parole du prêtre; secours suprêmes que l'on porte aux mourants... Ces œuvres, seul, le Père qui voit dans le secret « *Pater... qui videt in abscondito* (1) », peut dire la place qu'elles ont tenue dans la vie de votre pasteur, comme seul il peut dire de quelle efficacité surnaturelle il lui a plu de les doter.

Voilà, M. F., ce que, depuis un demi-siècle, Dieu a voulu accomplir par le ministère de votre pasteur. Voilà les œuvres qui ont rempli

(1) *Math.* VI, 4.

les années lointaines, et dont nous contemplons les fruits en ce jour. Oui, votre pasteur, continuant le psaume d'actions de grâces auquel j'ai emprunté mon texte, peut s'écrier : « O mon âme, bénis le Seigneur et n'oublie point ses bienfaits, *Benedic anima mea Domino, et noli oblivisci omnes retributiones ejus.* » C'est lui qui dès ici-bas te couronne des âmes que tu t'es attachée à délivrer, « *coronat te in misericordia et miserationibus* ». C'est lui qui, parmi les inévitables épreuves de la vie présente, au milieu et au prix même des angoisses de la paternité sacerdotale, te remplit d'une joie plus forte que toutes les douleurs et plus douce que toutes les allégresses humaines, « *qui replet in bonis desiderium tuum* ». C'est lui enfin qui ravive sans cesse ton zèle et ta vigueur, et qui renouvellera ta jeunesse comme celle de l'aigle, « *renovabitur ut aquilæ juventus tua* » (1).

(1) *Ps.* CII, 2, 4, 5.

Mais quoi! ne sont-elles pas venues pour votre pasteur, ces années de la vieillesse dont l'écrivain sacré a dit qu'elles ne plaisent pas, « *anni de quibus dicas : non mihi placent* » (1)? Je ne le conteste pas, elles sont venues. Je pourrais remarquer que ces années ne pèsent pas d'un poids trop lourd sur ses épaules, et exprimer la solide espérance que Dieu ajoutera pour lui encore les années aux années. D'ailleurs, M. F., pour le chrétien et particulièrement pour le prêtre, ces années de la vieillesse qui de loin paraissent sévères, qui de près sont parfois si pesantes, ces années sont entre toutes des années fructueuses. Parvenu à ces sommets blanchis d'où la terre apparaît dans ses étroites et presque dérisoires limites, le prêtre embrasse d'un plus clair regard le temps et l'éternité; il connaît mieux les hommes et Dieu : il a pour celui-ci un amour affermi par les années et qui s'est constamment

(1) *Eccl.* XII, 1.

avivé au feu de l'autel; pour ceux-là, il trouve dans son âme des accents d'une pitié plus pénétrante, d'une plus sûre sagesse. Le prêtre vieillard fait autant de bien que le prêtre jeune, que le prêtre mûr; à certains égards, il en fait davantage. Il inspire plus de confiance, il possède plus d'autorité. Qu'importe qu'il parle et qu'il agisse avec plus de lenteur? Est-ce donc l'impétuosité de notre zèle qui en fait la fécondité? Est-ce la multitude de nos discours qui en fait la puissance? Saint Jean, presque centenaire, redisant cette unique parole : *Mes petits enfants, aimez-vous les uns les autres* (1), exerçait-il un moins efficace apostolat qu'aux jours où les intempérantes ardeurs de sa jeunesse étaient réprimées par le Maître divin? Et puis, le prêtre vieillard ne parle pas seulement aux hommes, il parle aussi à Dieu. Il monte à l'autel du Seigneur, il redit les paroles

(1) S. Hieronym. *Comm. in Epist. ad Gal.* lib. III, cap. VI.

qui appellent le Christ eucharistique dans ce nouveau Bethléem, sur ce nouveau Calvaire. Il continue d'y être entre Dieu et les hommes le représentant du souverain Médiateur, et d'étendre aux âmes qui luttent sur la terre, à celles qui souffrent dans le Purgatoire, les bienfaits de la Rédemption.

Un jour vient, je le sais, où le prêtre monte pour la dernière fois à l'autel. Finir, c'est l'indéclinable loi qui pèse sur tout homme et sur toute chose. « Les cieux périront, et vous demeurez, disait à son Dieu le psalmiste, *Ipsi peribunt, tu autem permanes*. Ils vieilliront comme un vêtement ; vous les changerez comme un manteau, et ils seront changés. Vous, Seigneur, vous êtes éternellement le même, et vos années ne finiront pas... *Omnes sicut vestimentum veterascent : et sicut opertorium mutabis eos. Tu autem idem ipse es, et anni tui non deficient* (1). » Mais pensez-

(1) *Ps.* CI, 27, 28.

vous, M. F., que le jour où le prêtre descend de l'autel pour n'y plus remonter, il ait dit à cet autel et au Christ un adieu irrévocable ? Ne croyez pas que c'en soit fait pour lui des joies saintes auxquelles la messe l'avait convié, et qu'il puisse dire, dans un autre sens qu'Ezéchias menacé de mort : « Je ne verrai plus Dieu sur cette terre des vivants, *non videbo Dominum Deum in terra viventium* (1) ». Par la pensée, par le désir, le prêtre éloigné de l'autel y monte encore ; il renouvelle l'action du sacrifice ; si, incapable d'offrir la victime, il ne peut même plus aller à elle, la victime vient à lui. Cette fin qui nous attend tous, en est à peine une pour le prêtre ; elle n'est qu'un passage. Elle ressemble à ces nuits transparentes des régions tropicales, lesquelles rejoignent à la journée qui s'éteint la journée qui va commencer : c'est de cette fin qu'il est vrai de dire avec le psalmiste que les ténèbres ne l'obscurciront

(1) *Is.* XXXVIII, 11.

pas (1), et que le soir de la vie sacerdotale aura la clarté du plus beau jour.

Vous le voyez, M. F., dans la vie de votre pasteur, le passé et le présent sont pleins des bienfaits de Dieu ; nous l'espérons, l'avenir en sera aussi tout rayonnant. Que l'action de grâces termine donc cet entretien comme elle l'a commencé ! Mais la gratitude n'a pas le droit de demeurer oisive. Si les mots l'expriment, les actes l'expriment mieux encore ; et, sans les actes, les mots valent peu de chose. Ni le psaume d'où j'ai tiré mon texte, n'a suffi à exprimer la reconnaissance de David, ni le *Magnificat* lui-même à exprimer celle de la Mère de Dieu. Les bienfaits divins qui ont réjoui votre pasteur se sont répandus sur vous comme cette huile sacrée qui de la tête d'Aaron descendait jusque sur les franges de son vêtement, comme cette rosée de l'Hermon qui

(1) *Ps.* CXXXVIII, 12.

pénétrait dans ses profondeurs la montagne sainte (1). Reconnaissez de tels bienfaits en devenant plus sérieusement chrétiens que vous ne l'avez été, en reprenant la pratique du christianisme, si vous l'aviez abandonnée. Vous commencerez ainsi à payer à Dieu votre dette, et vous vous préparerez à avoir un jour votre part d'une fête plus radieuse encore, plus douce et plus durable que celle qui nous rassemble : la fête éternelle des cieux ! Amen.

(1) *Ps.* CXXXII, 2, 3.

11945 — PARIS. IMPRIMERIE F. LEVÉ, RUE CASSETTE, 17.

www.ingramcontent.com/pod-product-compliance
Ingram Content Group UK Ltd.
Pitfield, Milton Keynes, MK11 3LW, UK
UKHW021046260726
13994UKWH00005B/2369

9 782329 372570